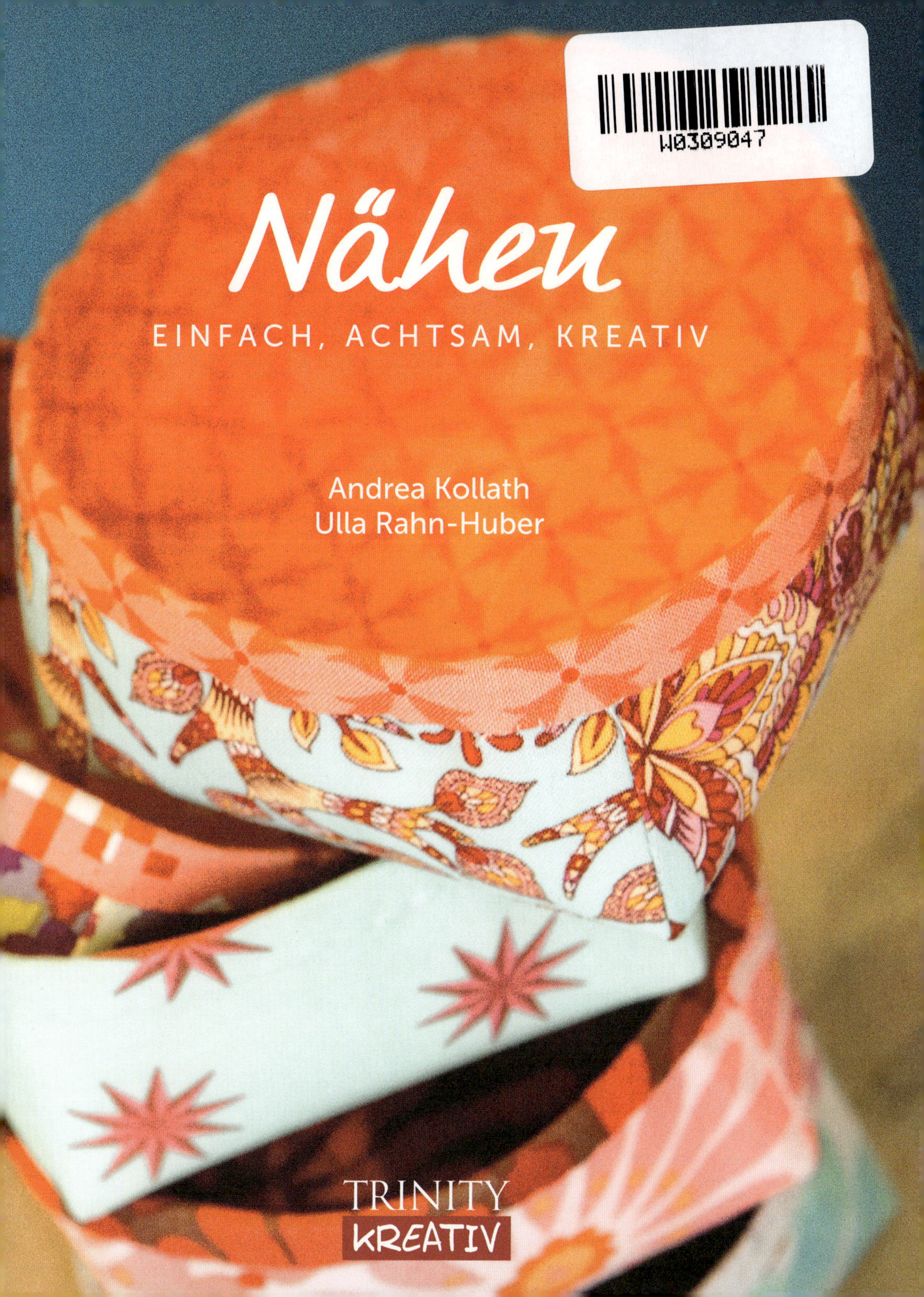

Nähen

EINFACH, ACHTSAM, KREATIV

Andrea Kollath
Ulla Rahn-Huber

TRINITY
KREATIV

Inhalt

Im Flow – achtsam Nähen

Sind wir im Flow, geht es auf einmal viel mehr ums Tun als ums Ergebnis: eben »Nähen für die Seele«.

FÜR VIELE HAT DAS NÄHEN einen ganz besonderen Reiz, weil man selbst mit wenig Erfahrung im Handumdrehen ein Ergebnis hinbekommt, das sich sehen lassen kann. Anders als beim Stricken müssen wir nicht erst lernen, ein gleichmäßiges Maschenbild zu erzeugen. Der Stoff kommt fertig aus dem Laden, und dank Maschine reihen sich in Windeseile die Stiche perfekt aneinander. Professionelle Teile entstehen so an einem Nachmittag.

Das rasche Erfolgserlebnis ist bei diesem Hobby jedoch nur ein Aspekt. Bevor wir etwas zu nähen beginnen, geht es darum, das perfekte Material auszuwählen; zu begreifen, wie sich die Teile des Schnittes aneinanderfügen; achtsam mit der Schere in den womöglich ziemlich teuren Stoff zu schneiden … Dann gilt es, mit Sensibilität das »Gaspedal« zu betätigen. Wir lauschen auf das Schnurren der Nähmaschine. Ein kleines Stocken oder Zerren an der Nadel und wir schauen, ob sich der Faden irgendwo verheddert hat …

Alle unsere Sinne sind gefordert, und im Nu vergessen wir die Welt um uns herum. Wir kommen in den Flow. Plötzlich geht es nur noch um das Spüren, Beobachten und Sich-Einlassen, um die Achtsamkeit und Liebe, die Stich um Stich in die genähten Teile fließen. Lassen Sie sich von diesem Buch zu vielen neuen Lieblingsstücken inspirieren.

Der Mensch ist eine Sonne.
Die Sinne sind seine Planeten.

Novalis

Die Grundausstattung: Das gehört in Ihr Nähatelier

So viel brauchen Sie für den Anfang gar nicht, wenn Sie mit dem Nähen beginnen. Zugegeben, eine Nähmaschine ist nicht billig, aber es zahlt sich sehr bald aus, wenn man sich qualitativ hochwertige Werkzeuge anschafft.

Nähmaschine: Eine Nähmaschine ist unerlässlich, wenn Sie oft und vielfältige Projekte nähen möchten. Einige Gedanken zur Auswahl der richtigen Maschine haben wir auf Seite 13 für Sie zusammengestellt.

Bügeleisen und -brett: »Gut gebügelt ist halb genäht« heißt es, und das stimmt wirklich: Das Bügeln von Stoffen vor und während des Nähens (z.B. die Nahtzugaben aufbügeln) trägt entscheidend zum Näherfolg bei. Dabei reichen ein einfaches Dampfbügeleisen und ein günstiges Bügelbrett vollkommen aus. Also bitte unbedingt benutzen!

Garne: Beim Nähgarn kommt es auf die Qualität an, also Vorsicht bei sehr günstigen Garnen, damit der Faden nicht ständig reißt. Wenn Sie Baumwollstoff vernähen, sollten Sie auch Baumwollgarn wählen, und zwar immer die gleiche Garnqualität für Oberfaden und Unterfadenspule. Sogenannte »Allesnäher« sind meist aus Polyester, etwas elastischer als reine Baumwolle und eignen sich für eine große Anzahl an Stoffen.

Maßband: Damit hinterher auch alles passt.

Nahttrenner: Auftrennen müssen alle Näherinnen irgendwann einmal. Dann ist ein Trenner Gold wert: die kurze Seite mit der kleinen Kugel unter die Naht schieben, und dann vorsichtig mit nach oben gerichtetem Druck durch die Naht führen. Fäden abzupfen nicht vergessen.

Stecknadeln: Für den Anfang reichen die Nadeln mit den kleinen Glasköpfchen.

Fadenschere: Mit dieser kleinen Schere sollen wirklich nur die Fäden abgeschnitten werden, dann bleibt sie lange scharf und sorgt für glatte Schnitte – beim nächsten Einfädeln werden Sie dankbar dafür sein ...

Stoffschere: Eine ordentliche Stoffschere ist eine gute Investition in Ihr Hobby: Groß und scharf soll sie sein und ausschließlich für den Stoffzuschnitt benutzt werden.

Fingerhut: Sehr hilfreich bei Näharbeiten von Hand.

Handnähnadeln: Am besten Sie besorgen sich ein kleines Sortiment an verschiedenen Längen und Stärken. Stopfnadel nicht vergessen, die kann man immer brauchen.

Nähmaschinennähnadeln: Für den Anfang wählen Sie am besten ein gemischtes Päckchen mit Flachkolbennadeln in den Stärken von 70–100 aus. Die 70er-Nadeln benutzen Sie für normale Baumwollstoffe, die 100er z.B. fürs Quilten oder das Nähen von dicken, schweren Stoffen.

Weitere Hilfsmittel gefällig?

Neben der Grundausstattung kann man noch Unmengen anderer nützlicher Utensilien kaufen. Hier eine Empfehlung für eine erweiterte Ausstattung, die das neue Hobby noch einfacher macht.

Patchwork-Lineale: Sie werden meist zum Zuschneiden gemeinsam mit Rollschneider und Schneidematte für Patchwork benutzt, sind aber auch sehr praktisch für Projekte wie Taschen oder Accessoires. Achten Sie darauf, dass die Maße in Zentimetern und nicht in Inches aufgedruckt sind.

Schneidematte: Solche Unterlagen sind für das Arbeiten mit Cuttern und Rollschneidern gedacht. Die Matten gibt es in verschiedenen Größen.

Rollschneider: Ein praktisches Schneidewerkzeug, mit dem Stoff exakt zugeschnitten wird. Es verfügt über eine sehr scharfe, runde Klinge, die man nachkaufen kann. Benutzen Sie Rollschneider zusammen mit einem stabilen Patchwork-Lineal aus Kunststoff und nur auf den dafür vorgesehenen Matten, ansonsten werden sie schnell stumpf oder beschädigen Ihre Möbel.

Spezielle Stecknadeln: Wer quiltet oder mit Linealen Stoffe zuschneidet, sollte sich Nadeln mit flachen Köpfchen besorgen. Für feine Stoffe gibt es ganz dünne Nadeln, die keine sichtbaren Löcher hinterlassen.

Spezielle Nähmaschinennadeln: Spezialnadeln für Jersey, Denim oder Leder sorgen für ein schönes Stichbild und optimale Verarbeitung der jeweiligen Stoffe.

Kreide oder Trickmarker: Wenn Sie kurzfristig Punkte oder Linien markieren möchten, können Sie dies ganz einfach mit Kreide oder einem Kreidestift tun. Einfach später ausbürsten. Es gibt auch spezielle Markierstifte, sogenannte Trickmarker, die aussehen wie Filzstifte und z.B. bei Wärmeeinwirkung wieder verschwinden. Also kurz darüber bügeln und weg ist die Markierung.

Doppelseitiges Klebeband: So etwas gibt es auch zum Nähen, die beiden bekanntesten Marken sind Wondertape und Stylefix. Man kann damit z.B. Webbänder auf dem Stoff fixieren und somit ganz leicht annähen. Die schmalen Näh-Klebebänder waschen sich entweder aus oder sind so dünn, dass sie nicht auftragen.

Kurzwaren: Eine schöne Auswahl an Reißverschlüssen, Knöpfen, Bändern und Aufnähern macht Lust aufs Nähen! Nehmen Sie ruhig bei Gelegenheit in einem Stoffladen oder einer Kurzwarenabteilung das ein oder andere Stück mit, auch ohne schon genau zu wissen, für welches Projekt es passen könnte. Damit sind Sie gut gerüstet, und es beflügelt Ihre Fantasie.

Kleine Stoffkunde

Die Auswahl des richtigen Stoffes ist entscheidend für das Gelingen Ihres Nähprojekts. Hier ein kurzer Überblick über die wichtigsten Stoffarten.

Baumwollstoff: Der Stoff aus Naturfasern ist sehr vielseitig, in unzähligen Farben und Mustern erhältlich und wirklich einfach zu verarbeiten. Baumwolle ist pflegeleicht, kann aber einlaufen und knittert leicht. Für unsere Projekte haben wir meist Patchwork-Stoffe verwendet, die relativ fest und strapazierfähig sind. Eine leichtere Alternative wie z.B. Voile eignet sich eher für Kleidung, für stark beanspruchte Projekte wie Taschen passen auch mittelschwere Baumwolle oder aber Denim sehr gut.

Dekostoffe: Besonders geeignet für Wohn-Accessoires wie Körbe oder Kissen und auch für standfeste Taschen und robuste Beutel. Dekostoffe sind schwerer und haltbarer als Patchwork-Stoffe, es gibt sie aus Baumwolle (z.B. Canvas), aus Kunstfasern oder Mischungen aus beiden. Achtung: Dicke Stoffe ergeben dicke Nähte, und wenn der Stoff dann auch noch fest ist, muss man die Nadel entsprechend auswählen (z.B. Denim- oder Ledernadel).

Leinen: Vielfältig einsetzbar für Kleidung oder Accessoires, und auch in Kombination mit bunten Baumwolldrucken sieht Leinen edel aus. Der aus der natürlichen Faser Flachs hergestellte Stoff besitzt eine schöne Struktur, knittert aber sehr leicht und läuft beim Waschen stark ein. Also alles, was später gewaschen werden soll, vor dem Nähen waschen! Es gibt Leinen in verschiedenen Gewichten, wählen Sie für unsere Projekte eher feste Qualitäten, dann lässt sich der Stoff leichter verarbeiten und rutscht nicht.

Seide: Eine Faser tierischen Ursprungs, es gibt sie in vielen Gewichten und Qualitäten. Immer sehr edel, leicht glänzend und mit schönem Fall ist Seide nicht ganz leicht zu pflegen und auch in der Verarbeitung manchmal etwas divenhafter. Ein echtes Luxusprodukt!

Synthetische Stoffe: Kunstfasern gibt es in vielen verschiedenen Qualitäten für unterschiedliche Zwecke. Dünne, feste Kunststoffe sind beispielsweise gut als Futterstoffe geeignet, die schwereren Varianten auch als Oberstoffe für Taschen, Körbe oder Ähnliches, z.B. auch in Form von Kunstleder. Sie sind meist recht schmutzunempfindlich, beim Waschen und Bügeln sind aber spezielle Pflegeanleitungen zu beachten.

Wollstoff: Wollstoffe sind gut für Bekleidung geeignet, können aber z.B. auch für Kissen oder sogar für Taschen verwendet werden, wenn man dazu einen stabilen Futterstoff und vielleicht auch noch ein Vlies wählt. Wollstoffe sind jedoch nicht immer in der Maschine waschbar.

Stoff vorbereiten

Bevor es mit dem Nähen losgeht, empfiehlt es sich, den ausgewählten Stoff vorzubereiten: Baumwolle, Seide oder Leinen also waschen, trocknen und bügeln. (Wolle und Kunstleder müssen bzw. dürfen weder gewaschen noch gebügelt werden.) Dann können Sie mit dem Zuschneiden beginnen.

Nähen lernen: So klappt's!

Sagenhaft, was man sich mithilfe des Internets beibringen kann!

Früher lernte man Nähen noch in der Familie oder in der Schule, heute ist das (leider) oft nicht mehr der Fall. Sollten Sie in Ihrem direkten Umfeld niemanden haben, der Ihnen weiterhelfen kann, können Sie sich trotzdem alle möglichen Fähigkeiten aneignen, dem Internet sei Dank: Videos und Tutorials (Schritt-für-Schritt-Anleitungen mit vielen Bildern) lassen sich zu jedem erdenklichen Thema im Netz finden. Schauen Sie sich Filme (mehrfach) an, arbeiten Sie das Gezeigte nach und lernen Sie, welche Methoden für Sie am besten geeignet sind.

Wenn Sie die Gelegenheit dazu haben, lohnt sich auf jeden Fall der Besuch eines Nähkurses. Angebote gibt es an Volkshochschulen und in Stoffläden. In der Gruppe können Erfahrungen ausgetauscht werden, Sie können Neues lernen, und vielleicht treffen Sie dort sogar Ihre zukünftige beste Nähfreundin!

Wir haben auf Seite 60 verschiedene Webadressen für Sie zusammengestellt, die Ihnen die ersten Schritte erleichtern.

Welche Maschine ist die richtige?

Bei der Vielzahl an Fabrikaten und Typen und den unterschiedlichen Nutzungswünschen ist es leider unmöglich, hier *das* Modell für Anfänger zu empfehlen. Klar ist nur: Mit einer ganz günstigen Maschine, wie sie oft bei Discountern angeboten wird, wird sich der Spaß an Ihrem neuen Hobby in Grenzen halten. Diese Billigversionen sind oft recht schwer einzustellen und zu bedienen, machen laute Geräusche und überzeugen nicht, was das Stichbild oder die Auswahl an Stichen angeht. So etwas verleidet ganz schnell die Freude am Nähen, also besser Finger weg.

Informieren Sie sich über verschiedene Modelle und Preisklassen, und lassen Sie sich in einem Fachgeschäft beraten. Es gibt mittlerweile übrigens auch Online-Nähmaschinenhändler, die ausführlich und kompetent telefonisch beraten.

Probieren Sie die Maschinen von Freundinnen und Verwandten aus. Eine gute Gelegenheit zum Austausch sind auch Kurse.

Und noch ein Tipp: Das ausschlaggebende Kriterium für eine Maschine ist meist nicht die Anzahl der Stiche, über die sie verfügt. Mit etwas Näherfahrung werden Sie bald merken, dass man in der Regel nur mit den Grundstichen plus einiger weniger Schmuckstiche arbeitet.

Reißverschluss einnähen

(für Projekt Kunstleder-Clutch, Seite 24)

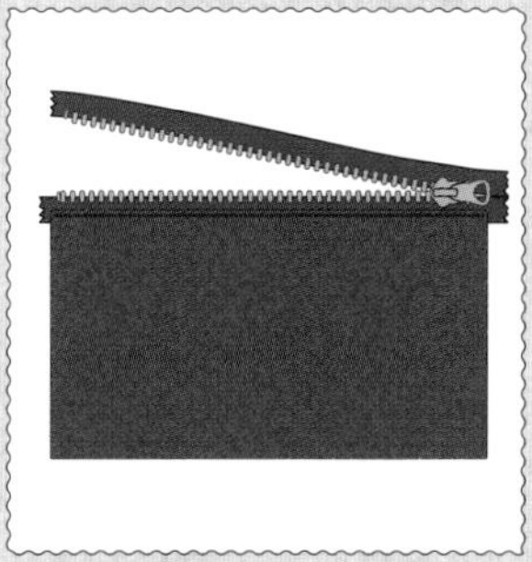

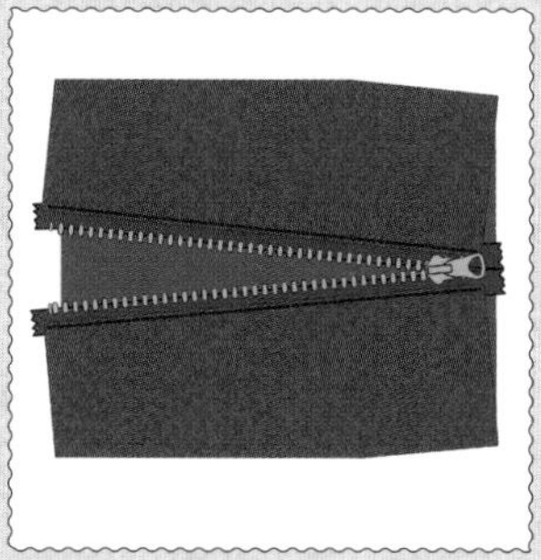

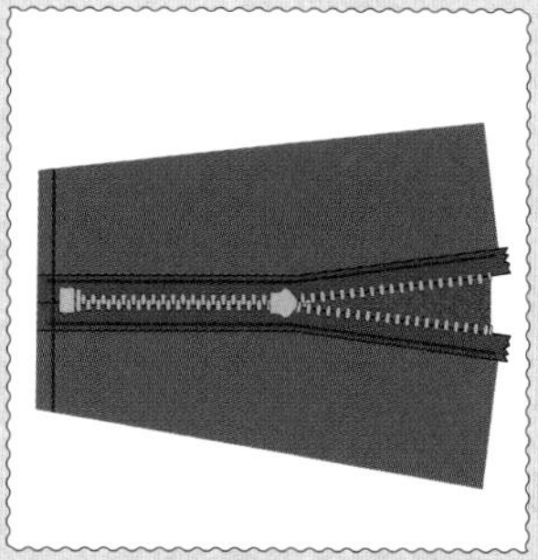

1 Den Reißverschluss (RV) auf einer kurzen Seite des (Kunst-) Lederstücks positionieren und mit Clipsen oder Stylefix-Klebeband fixieren. Mit dem Reißverschlussfuß und 4 mm Stichlänge annähen.

2 Die zweite Seite ebenso annähen, dabei den RV öffnen, dann geht es leichter. Sie haben nun einen Schlauch mit einem RV.

3 Den Schlauch auf links wenden und flach auf den Tisch legen, sodass der RV oben (der Zipper befindet sich unten, siehe Zeichnung) und horizontal im oberen Bereich liegt. Den RV nun an die richtige Stelle positionieren, hier ca. 3,5 cm von der oberen Seite der Tasche entfernt. Die noch offenen Seiten nacheinander mit Clips fixieren und mit 1 cm NZG abnähen. Vor dem Vernähen der zweiten Seite den RV mindestens halb öffnen. Achtung, wegen der Metallzähnchen nicht über den RV nähen!

Taschenecke

(für Projekt Shopper, Seite 28)

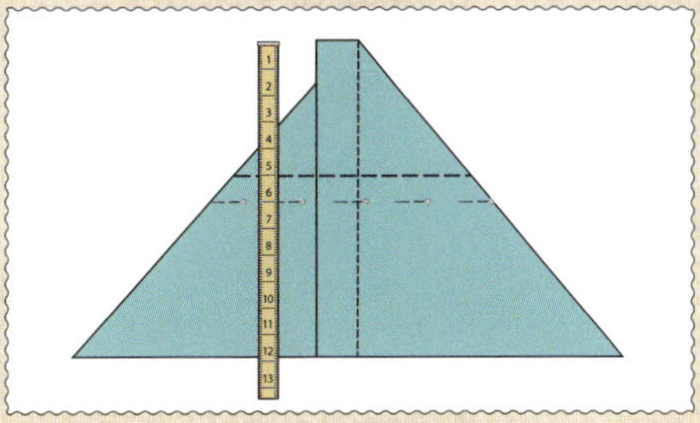

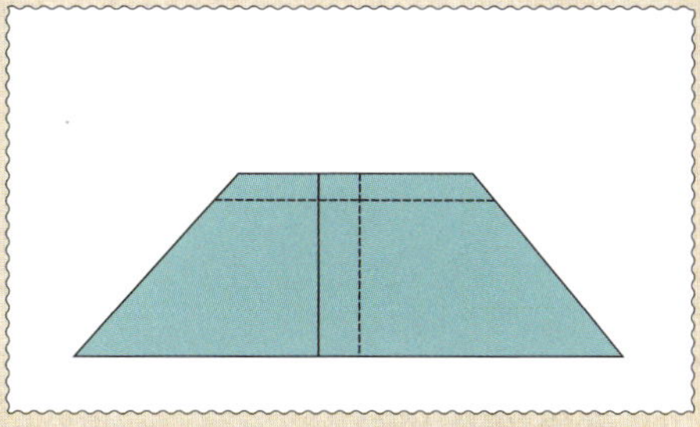

❶ Jeweils eine Seitennaht mit der Bodennaht deckungsgleich übereinanderlegen und feststecken. Dann den gewünschten Abstand abmessen (bei unserem Shopper sind das 8 cm) und mit einer Linie einzeichnen.

❷ Auf der eingezeichneten Linie abnähen, zu Beginn und Ende die Naht verriegeln. Überschüssigen Stoff abschneiden, dabei eine NZG von mind. 1 cm stehen lassen.

Taschenhenkel

(für Projekt Shopper, Seite 28)

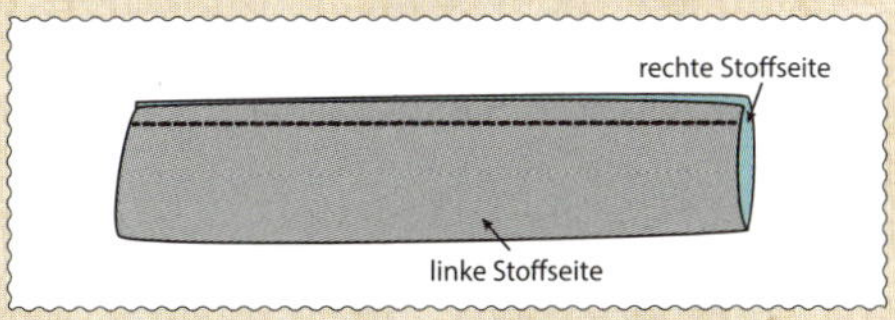

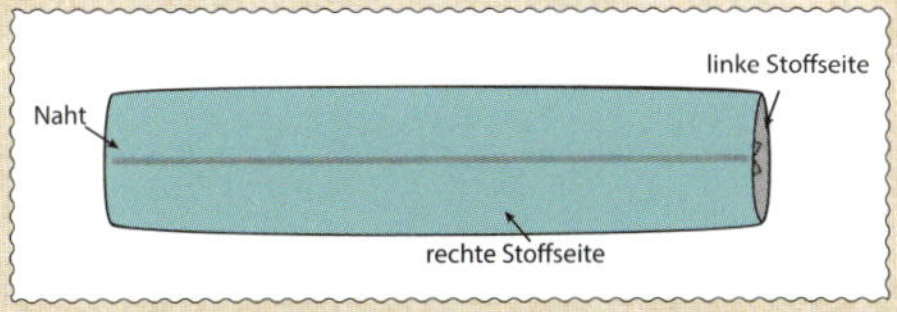

❶ Die zugeschnittenen Henkel lange Kante an lange Kante rechts auf rechts falten, feststecken und mit 1 cm NZG abnähen. Dann wenden. Dazu eine große Sicherheitsnadel an einer Seite einstecken und durch den Tunnel ziehen.

❷ Den auf rechts gezogenen Tunnel so bügeln, dass die NZG in der Mitte zwischen den langen Kanten liegt. 2 Stück arbeiten.

Quiltbindung

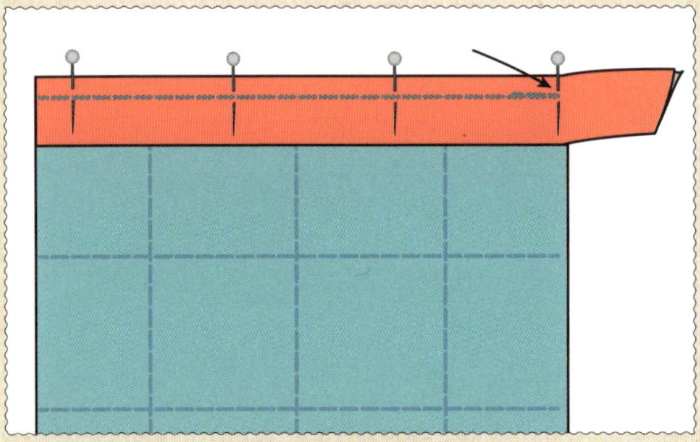

❶ Den langen Stoffstreifen für das Binding lange Kante an lange Kante links auf links legen und bügeln. Mit der offenen Seite nach oben nun an einer langen Seite der **Vorderseite** des Quilts anstecken, dabei zu Beginn ein ca. 15 cm langes Stück Streifen hängen lassen. Den Streifen mit 1 cm NZG annähen. Die Naht 1 cm vor der Ecke beenden und verriegeln.

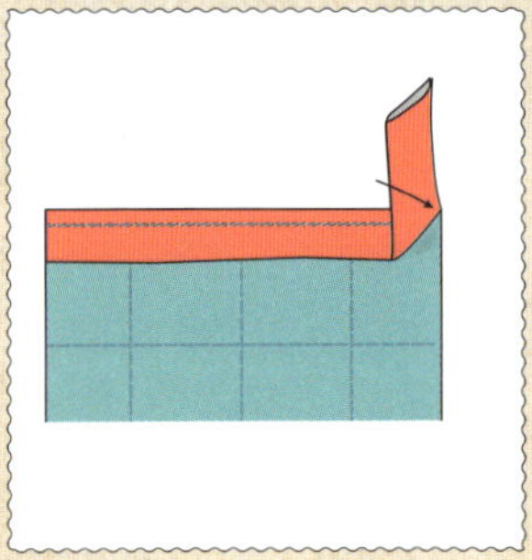

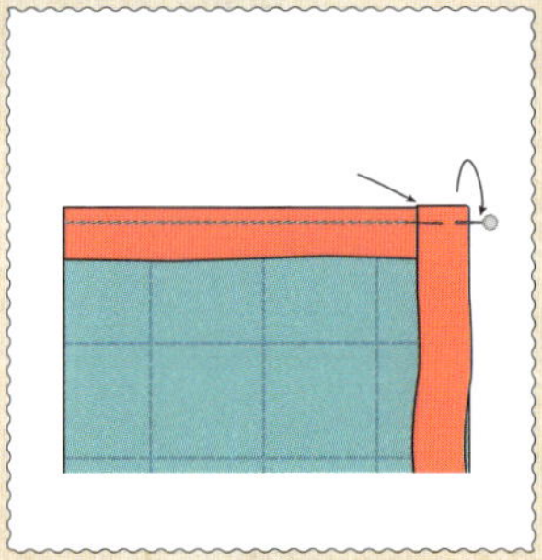

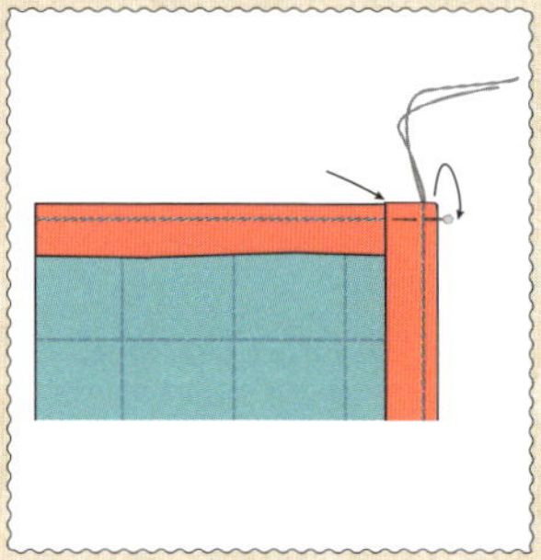

❷ Den Stoffstreifen im 45-Grad-Winkel hochklappen und mit den Fingern die diagonale Falte festdrücken.

❸ Nun den Stoffstreifen rechtwinklig umklappen. Feststecken. Die offene Seite des Bindings befindet sich nun wieder an der Kante des Quilts.

❹ Eine neue Naht beginnen, wieder mit 1 cm NZG abnähen, 1 cm vor Ende der Seite stoppen, verriegeln.

Nach der 4. Ecke wieder etwa ein 15 cm langes Stück noch nicht annähen, beide lose Enden so übereinanderlegen, dass sich die Stücke genau so viel überlappen, wie der Stoffstreifen aufgeklappt breit ist (hier: 4,5 cm). Die Stoffenden rechts auf rechts mit einem 90-Grad-Winkel aufeinanderlegen und diagonal abnähen. Überschüssige NZG zurückschneiden, zusammengenähtes Binding von hinten mit der Maschine annähen.

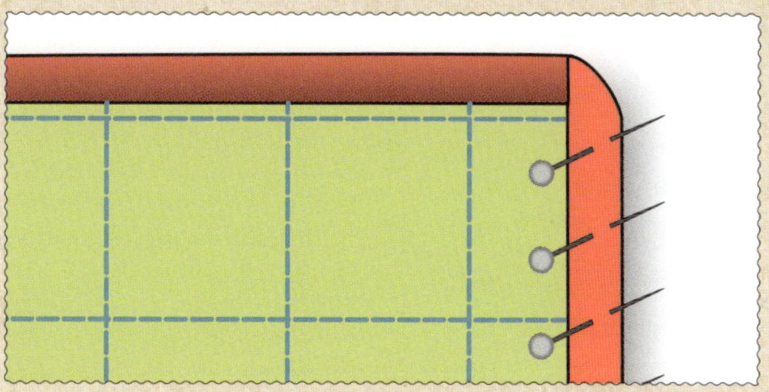

5 Nachdem das Binding an der Vorderseite des Quilts mit der Maschine angenäht wurde, wird es nun auf der **Rückseite** befestigt, ganz traditionell per Hand.

6 Die geschlossene Kante des Stoffstreifens wird nun auf die Rückseite umgeklappt, vorne auf der Vorderseite ist durch das Umschlagen die erste Befestigungsnaht nicht mehr sichtbar.

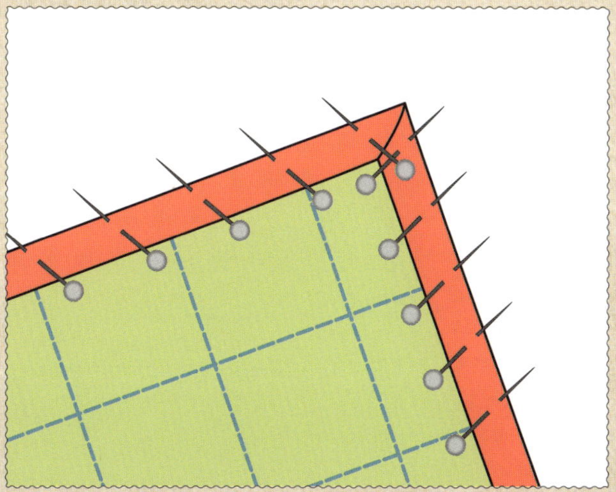

7 Man beginnt mit dem Umschlagen an einer Ecke des Quilts und arbeitet rundherum. An den Ecken wird erst die eine, dann die nächste Seite umgeschlagen, sodass man eine schöne, spitze Ecke mit einem 45-Grad-Winkel erhält. Alles gut feststecken und nähen. Informationen zum Handnähen von Binding finden Sie auf www.quiltmanufaktur.de/blog/binding. Wählen Sie am besten farblich genau zum Bindingstoff passendes Garn.

Französische Naht

(für Projekt Dinkelwärmekissen, Seite 40)

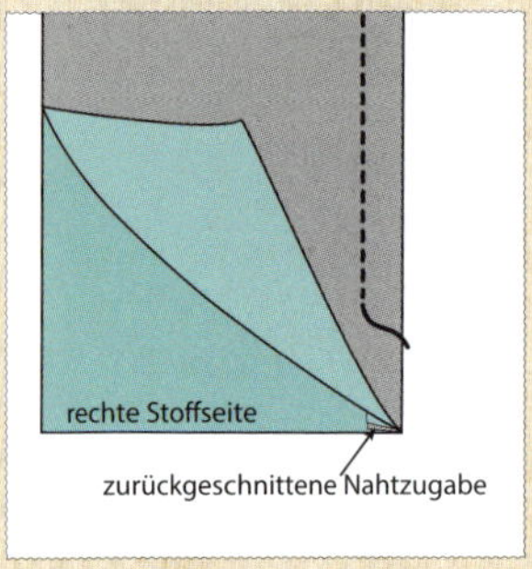

1 Diese Naht liefert ein professionelles Ergebnis bei sehr dünnen Stoffen oder ungefütterten Projekten. Sie wird doppelt genäht: Zunächst werden beide Stoffteile links auf links (!) gelegt und mit einer schmalen NZG (bspw. 0,5 cm) genäht. Eine normal breite NZG kann auch zurückgeschnitten werden. Dann das Stück rechts auf rechts wenden, bügeln und mit einer etwas breiteren NZG (bspw. 1 cm) noch einmal nähen. Dabei wird die NZG der ersten Naht eingeschlossen und braucht nicht mehr versäubert zu werden. Noch einmal wenden.

Tischset

1 Die zugeschnittene Vorder- und Rückseite rechts auf rechts zusammenlegen, stecken und wie auf der Abbildung eingezeichnet abnähen. Dabei eine Öffnung zum Wenden lassen.
Zu Beginn und Ende der Naht verriegeln.

2 Für schöne, spitze Ecken muss überschüssiger Stoff an allen vier Seiten nah an der Naht zurückgeschnitten werden. Danach Set wenden und die Ecken vorsichtig mit einem spitzen Gegenstand ausstülpen.

Kissenhülle

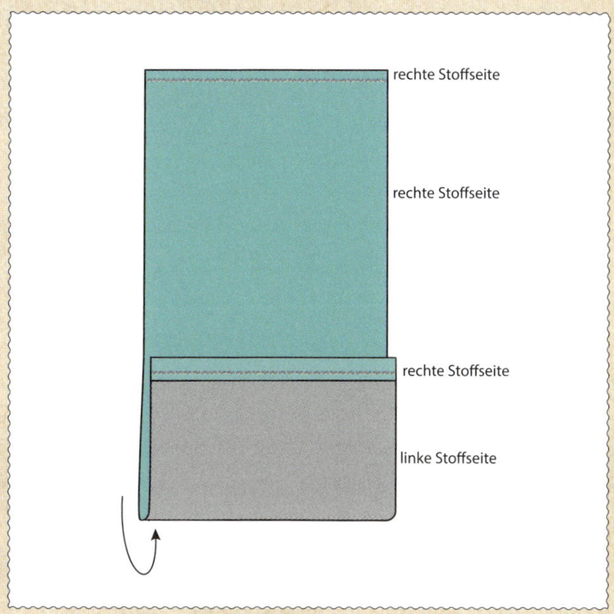

1 Nachdem beide kurzen Seiten des Stoffes je 2 x 1 cm umgeschlagen und abgesteppt wurden, nun die Stoffbahn mit der rechten Seite nach oben längs auf den Tisch legen. Jetzt die untere kurze Kante 40 cm hochklappen, rechte Seite auf rechte Seite.

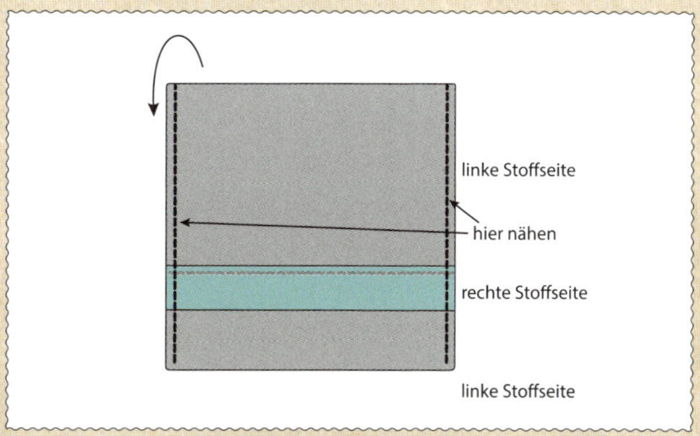

2 Dann die obere Kante 30 cm nach unten klappen. Bügeln.

Um die Vorderseite des Kissens zu verzieren: Stoffbahn wieder aufklappen und umdrehen (rechte Seite liegt nun oben), die Vorderseite des Kissens befindet sich zwischen den beiden Bügelkanten. Achten Sie darauf, dass das längere Rückenteil nach unten zeigt.

Haarband

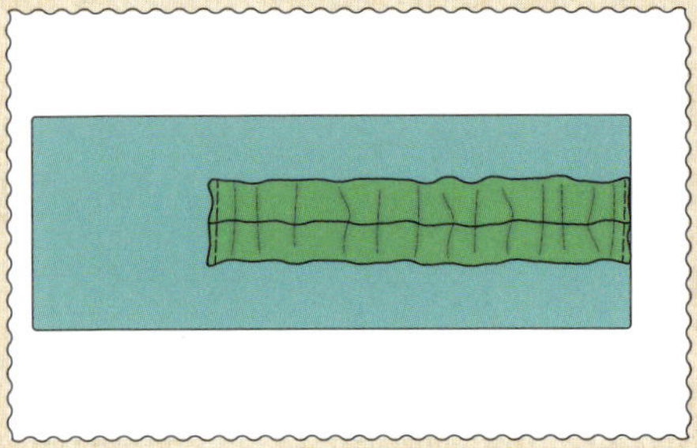

1 Fertige Tunnel zusammennähen: den kleinen, gerafften Gummizug-Tunnel mit der Naht nach oben auf den großen, glatten Tunnel legen (Naht nach unten).

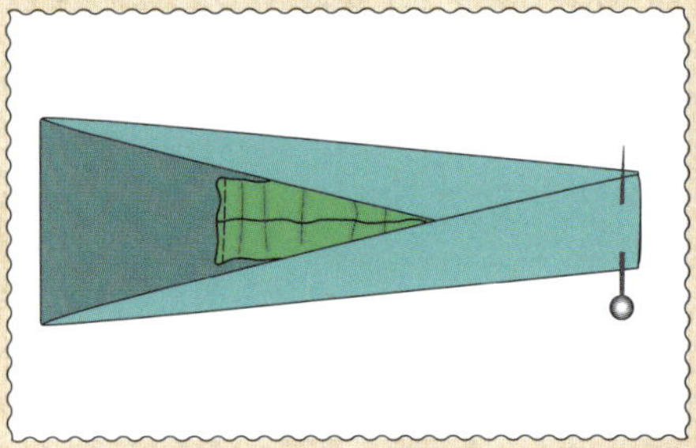

2 Nun an einer Seite den unteren Tunnel rechts und links über den kleinen Tunnel schlagen/klappen, feststecken und mit 0,5 cm NZG abnähen. Verriegeln nicht vergessen. Ebenso auf der zweiten Seite arbeiten.

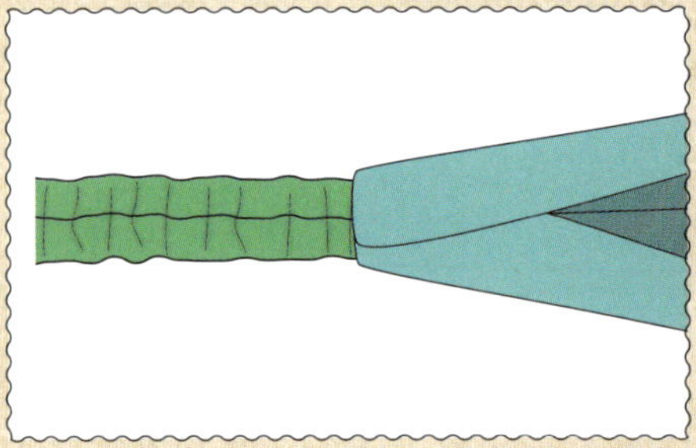

3 Das Haarband wenden, sodass die Nähte innen liegen.

Saumband herstellen

(für Projekte Feines Täschchen, Seite 26, Kleines Körbchen, Seite 52, Schlüsselband, Seite 54)

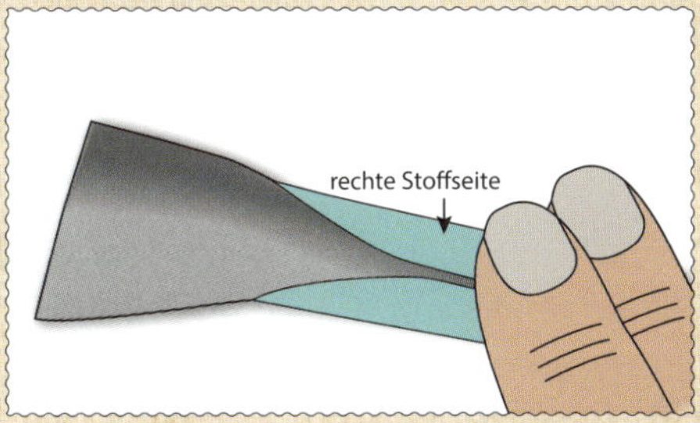

1 Saumband wie auf der Abbildung vorbereiten: beide Seiten mit den Fingern zur Mitte hin pressen und bügeln.

2 Man kann auch erst einmal das Band lange Kante auf lange Kante legen und bügeln, dann entsteht eine Mittelfalte. Nun beide Seiten mit den Fingern zu dieser Falte hin drücken, bügeln. Dann ggf. die Seiten zusammenklappen und noch einmal bügeln.

Spielsack-Schlaufen

1 Auf einer der Stoffvorderseiten die 16 Schlaufen wie auf der Abbildung platzieren und feststecken, die Schlaufen zeigen zur Mitte. Dann beide Stoffkreise rechts auf rechts legen, zusammenstecken und nähen. Achtung: Wendeöffnung nicht vergessen.

Zeit für Neues – gönnen Sie sich etwas!

Vergessen Sie die lästigen Haushaltspflichten – tun Sie sich etwas Gutes.

SIE HABEN EINE NÄHMASCHINE? Prima! Dann steht dem Nähglück nichts mehr im Weg. Nur eins vielleicht: der Berg an Dingen, der schon seit geraumer Zeit aufs Flicken wartet; die Hosen, die zu kürzen sind; die Röcke, die Sie seit Längerem um ein paar Zentimeter enger oder weiter machen wollten. Sie warten nur noch auf die Lust, die Arbeit anzugehen. Wenn sie denn käme …

Achtsam zu nähen heißt, im Alltag eine kreative Insel anzusteuern, auf der Sie aus dem Vollen schöpfen können. Der Flickkorb ist geduldig, schieben Sie ihn ruhig noch eine Weile auf die Seite. Sie dürfen das, denn Sie haben jetzt ein wenig Zeit für sich verdient! Was wollten Sie schon immer gerne nähen? Es muss nicht jedes Mal etwas für die Kinder oder andere Menschen sein. Gönnen Sie sich selbst etwas!

Wählen Sie den schönsten Stoff aus, den Sie sich leisten können, in Ihren Lieblingsfarben. Genießen Sie beim Schnittaustüfteln, Schneiden, Stecken, Nähen die Freude, diesmal etwas nur für sich zu schaffen – ein Stück aus eigener Hand, das es genauso nicht noch einmal gibt. Ein Einzelstück, speziell für Sie!

Kein Mensch muss müssen.

Gotthold Ephraim Lessing

Kunstleder-Clutch

(Maße fertiggestellt: 30 cm B x 50 cm H, umgeklappt ca. 30 cm B x 20 cm H)

MATERIAL

Kunstleder (32 cm B x 52 cm L), Metallreißverschluss (30 cm L), Textilkleber, evt. Clipse, Troddel zum Anklipsen

- Die kurzen Seiten des Kunstlederstücks je 1 cm umschlagen und mit Textilkleber festkleben. Zum Fixieren ggf. Clipse benutzen.
- Reißverschluss an einer der kurzen Seiten positionieren (eventuell auch mit Textilkleber festkleben und mit 4 mm Stichlänge knapp entlang der Kante absteppen.
- Den zweiten Teil des Reißverschlusses am anderen kurzen Ende ebenfalls festnähen, siehe Seite 14.
- Nun den Reißverschluss zur Hälfte öffnen, die Tasche wenden und den Reißverschluss ca. 3,5 cm von der oberen Kante entfernt positionieren. Dazu die Tasche mit den noch offenen Seitennähten auf den Tisch legen und den Reißverschluss entsprechend ausrichten.
- Die Seitennähte mit 1 cm Nahtzugabe absteppen und dann die Tasche wieder nach außen wenden.
- Den Reißverschluss-Zipper mit einer passenden Troddel verzieren.
- Die Tasche nun einmal zu einer Clutch zusammenklappen.

Feines Täschchen

(Maße fertiggestellt: 14 cm B x 22 cm H)

MATERIAL

Oberstoff aus Seide, Futterstoff und Vlies H630: alles je 2 x trapezförmig zuschneiden (16 cm B oben x 20 cm B unten x 24 cm L), Oberstoffstreifen für Knopfverschluss (4 cm B x 20 cm L), Zwirn für Taschenhenkel, Perlen für Taschengriff (aufgefädelt ca. 32 cm L, plus 10 cm Fadenenden auf beiden Seiten), 1 Knopf (Durchmesser ca. 3 cm).

- Vlies auf die innere, also linke Seite der Oberstoffteile aufbügeln.
- Die Oberstoffteile rechts auf rechts legen und an drei Seiten mit 1 cm Nahtzugabe (NZG) abnähen, die kürzeste Seite offen lassen.
- Beim Futter genauso vorgehen, allerdings am Boden eine 10 cm große Öffnung zum Wenden lassen.
- Für die Verschlussschlaufe die beiden langen Seiten des Oberstoffstreifens zur Mitte bügeln (siehe Seite 21), dann zusammenklappen. Der offenen Kante entlang knapp abnähen.
- Den Streifen mittig an der kurzen, oberen Kante auf eine der rechten Seiten der Oberstofftasche anheften: beide Enden nebeneinanderliegend, sodass eine Schlaufe entsteht, die nach unten zum Taschenboden zeigt.
- Stoff- und Futtertasche rechts auf rechts ineinanderstecken und die obere Kante mit 1 cm NZG abnähen.
- Tasche durch Futteröffnung wenden und Öffnung schließen.
- Für den Taschenhenkel den Zwirn an einer Seitennaht mehrmals durchnähen und verknoten und dann auf dem Zwirn die Perlen auffädeln, bis eine Länge von ca. 32 cm erreicht ist.
- Das Ende des Henkels an der anderen Seitennaht sicher festnähen.
- Verschlusslasche umlegen, Knopf positionieren und annähen.

Shopper

(Maße fertiggestellt: 40 cm B x 38 cm L x 18 cm T)

MATERIAL

Oberstoff aus Dekostoff (2 x 60 cm B x 56 cm L und 2 x 10 cm B x 65 cm L), Vlies G700 (2 x 60 cm B x 56 cm L), Futterstoff (2 x 60 cm B x 42 cm L)

- Vlies auf Oberstoffrückseite aufbügeln.
- Oberstoff rechts auf rechts legen, die beiden langen und eine kurze Seite mit 1 cm NZG zu einer Außentasche abnähen. Ebenso eine Innentasche aus dem Futterstoff nähen, dabei aber eine 10 cm breite Öffnung in der Mitte einer Seitennaht lassen (Wendeöffnung).
- Die Ecken nach Anleitung von Seite 15 arbeiten.
- Für die Taschenhenkel siehe Seite 15 und Seite 62 (Tunnel wenden). Fertige Henkel auf der rechten Seite der Außentasche oben an der offenen Kante beidseitig 16 cm von der Seitennaht entfernt festheften, die Schlaufen zeigen nach unten. Die Taschenöffnung 8 cm nach innen zur linken Stoffseite umschlagen und die Kante für eine gebügelte Markierung bügeln, dann wieder hochklappen.
- Die Innentasche rechts auf rechts in die Außentasche stecken, die Seitennähte treffen aufeinander. Alles oben an der Kante gut feststecken und rundherum mit 0,5 cm NZG festnähen.
- Außentasche durch die Öffnung in der Futterseitennaht wenden. Wendeöffnung zunähen. Nun die Innentasche am Boden passend in die Außentasche stecken, dazu die Außentasche wieder umschlagen, die Bügelkante der Außentasche ist nun die Oberkante der Tasche. Von der Tascheninnenseite aus einmal rundherum mit 4 mm Stichlänge entlang der Naht zwischen Futter und Oberstoff feststeppen.
- Die Taschenhenkel von innen entlang der Henkelkanten knappkantig feststeppen.

Wenn Sie es eilig haben, gehen Sie langsam

DAS PROJEKT IST RUCKZUCK FERTIG. Die letzte Naht ist gleich genäht, die Säume sind im Nu im Zickzackstich versäubert. Begeistert wird der letzte Faden abgeschnitten. Dann die Enttäuschung! Die Schultern sinken. Da liegt doch glatt der Stoff mit der falschen Seite außen! Der Griff zum Nahttrenner ist begleitet von einem Seufzen, das aus tiefster Seele kommt.

Manchmal werden wir zum Innehalten gezwungen: Auftrennen ist das neue Meditieren.

Sie kennen das? Sie seufzen mit? Natürlich ist der Augenblick frustrierend. Und doch passiert dann dies: Während sich die Klinge im Schneckentempo Stich für Stich unter das Nähgarn schiebt und es zertrennt, während wir an Fadenenden zupfen, die sich ineinanderhaken, spüren wir, wie unser Atem ruhig wird und sich die Hektik legt.

»Mal eben schnell« sind die drei Worte, die uns beim Nähen in die Anspannung treiben. Welche Kräfte da auch immer wirksam werden – wenn wir es ganz besonders eilig haben, hält uns beim Nähen irgendetwas auf: Die Nähmaschinennadel bricht. Der Faden schlingt sich kreuz und quer um die Spule. Wir nähen bei der letzten Naht das halbe Vorderteil mit ein.

Wenn es mal wieder Zeit zum Trennen ist, bleiben Sie gelassen und nehmen Sie es, wie es ist: als ein Signal zum Innehalten und zum Langsamwerden.

Die **Zeit** vergeht nicht schneller
als früher, aber wir
laufen eiliger an ihr **vorbei**.

George Orwell

Spielsack

(Maße fertiggestellt: ca. 145 cm Durchmesser)

MATERIAL

2 verschiedene Oberstoffe aus Dekostoff (je 150 cm x 150 cm), Stoffreste für 16 Schlaufen (je 6 cm B x 8 cm L) oder 16 Stück Webband (je 2 cm B x 8 cm L), Vlies H 249 (150 cm x 150 cm), Sprühkleber, Kordel (5 m L)

- Vlies auf die innere, linke Seite eines der beiden Stoffe mithilfe des Sprühklebers kleben.
- Kreise mit einem Durchmesser von ca. 146 cm aus den beiden Stoffen schneiden. Dazu Stoffe übereinanderlegen und mit Stecknadeln fixieren, den Mittelpunkt des Quadrats finden, eine Nadel einstechen, an der ein ca. 73,5 cm langer Faden mit einem Stift am Ende befestigt ist. Damit den Kreis einmal rundum markieren, dann ausschneiden.
- Für die Rand-Schlaufen insgesamt 16 Streifen aus Stoffresten zuschneiden, die langen Schnittkanten rechts auf rechts legen und mit 0,5 cm NZG nähen. Wenden (siehe Seite 62, Tunnel wenden) und bügeln. Oder einfach zugeschnittene Webbandstreifen benutzen.
- Die Streifen kurze Kante an kurze Kante zu Schlaufen umlegen und rundum auf einem der Kreise auf der vorderen, rechten Seite feststecken (siehe Seite 21).
- Beide Kreise nun rechts auf rechts legen und bis auf eine ca. 8 cm große Öffnung zum Wenden mit 1 cm NZG absteppen.
- Kreis nach außen wenden und Kante bügeln, einmal rundum knappkantig absteppen, dabei wird die Wendeöffnung verschlossen.
- Die Kordel durch die Schlaufen ziehen und beide Enden miteinander verknoten.

Buchstaben

(Maße fertiggestellt: ca. 18 cm H)

MATERIAL

2 verschiedene Baumwollstoffe (je 20 cm x 20 cm), zweiseitig aufbügelbares Vlies HH650 (20 cm x 20 cm), Buchstabenschablone

- Stoff und Vlies folgendermaßen schichten: Stoff (linke Seite oben), Vlies, Stoff (rechte Seite oben). Laut Anweisung des Herstellers zum Fixieren bügeln.
- Die Buchstabenschablone auflegen, ggf. feststecken und mit Trickmarker (siehe Seite 8) die Konturen nachzeichnen. Diese Linien nachnähen, Stichlänge 3 mm.
- Die Buchstaben mit einem Abstand von etwa 0,5 cm zur Naht ausschneiden.

TIPP:
Eine tolle Idee, um mit Kindern das Lesenlernen zu üben! Aber auch zur Deko für Große oder als Spielzeug für die Kleinen wunderschön.

Im Internet findet man übrigens eine große Auswahl, wenn man nach *Buchstabenschablonen zum Ausdrucken* sucht. Unsere Vorlagen sind 17 cm hoch.

Nur Mut bei Farben, Mustern und Texturen

Kaufen Sie von schwierigen Materialien zunächst nur ein Reststück und experimentieren Sie.

OB GROBES LEINEN ODER FEINE SEIDE, fließender Jersey oder Kaschmirflanell, hauchdünner Chiffon oder festes Kunstleder, ob uni in allen Schattierungen des Regenbogens oder gemustert in Millionen Designs – die Vielfalt an Stoffen ist schier grenzenlos. Angesichts des riesigen Angebots erfasst so manche Hobbyschneiderin die berühmte Qual der Wahl. Meist greift sie dann wieder zu den bewährten Materialien, die sie kennt und mit deren Eigenschaften sie vertraut ist.

Machen Sie es doch einmal anders! Lassen Sie sich von der Vielfalt inspirieren. Wagen Sie sich an die Stoffe, zu denen Sie sich hingezogen fühlen. Schwelgen Sie in Farben, Mustern und Texturen. Und trauen Sie sich auch einmal an ausgefallenes Material heran! Ihre selbst genähten Teile werden so zu Unikaten mit Charakter. Kreieren Sie Ihren eigenen Style. Experimentieren Sie ruhig mal mit zarten, »rutschigen« oder elastischen Stoffen. Wenn Sie die passende Nadel verwenden und schön langsam nähen, klappt das ganz bestimmt.

Sie werden sehen: Gerade in den kniffeligen Momenten, die Ihre ganze Konzentration erfordern, versinken Sie am tiefsten in Ihr Tun. Und wie groß sind die Freude und der Stolz, wenn es am Ende geklappt hat!

Wer immer **tut**, was er schon kann, **bleibt** immer das, was er schon **ist**.

Henry Ford

Haarband

(Maße fertiggestellt: ca. 45–55 cm Umfang)

MATERIAL

2 verschiedene Baumwollstoffe (14 cm B x 48 cm L und 8 cm B x 20 cm L),
1 Gummiband (2,5 cm B x 12 cm L)

- Beide Rechtecke entlang der langen Seite rechts auf rechts falten.
- Mit 1 cm Nahtzugabe abnähen, auseinanderbügeln und die so entstandenen Tunnel wenden (siehe Erklärung bei den Taschenhenkeln auf Seite 15 und auf Seite 62 bei Tunnel wenden).
  Die Rechtecke so bügeln, dass die Nahtzugabe in der Mitte liegt.
- Nackenteil: Das Gummiband durch den kleineren Tunnel hindurchführen und die Gummi- und Tunnelenden an beiden Seiten knappkantig absteppen: Der Stoff wird dafür zusammengeschoben, da er länger ist als das Gummi.
- Nun beide Tunnel zusammennähen (siehe auch Seite 20). Dafür den kleinen Tunnel mit einer kurzen Seite mittig und Kante auf Kante auf den großen Tunnel legen, die Nähte zeigen jeweils nach außen. Die überstehenden Seiten des großen Tunnels um den kleinen Tunnel schlagen, heften und an der Kante mit 0,5 cm NZG zusammennähen. Dies auf der anderen Seite wiederholen. Dann wenden.

TIPP:
Die Anleitung kann auch für Kinderhaarbänder verwendet werden. Einfach den Kopfumfang messen und entsprechend die Maße verkleinern. Dabei dann auch ein schmaleres Gummiband verwenden. Oder probieren Sie doch einmal ein Haarband aus elastischem Jerseystoff.

Dinkelwärmekissen

(Maße fertiggestellt: 20 cm B x 54 cm L)

MATERIAL

Inlett: heller, unifarbener Baumwollstoff (2 x 22 cm B x 52 cm L), Dinkel-Körner (ca. 500 g)
Bezug: 2 verschiedene Baumwollstoffe (je 23 cm B x 66 cm L)

- Für das **Inlett** die Stoffe aufeinanderlegen und an den beiden langen und einer kurzen Seite mit 1 cm Nahtzugabe abnähen. Ecken zurückschneiden, wenden, bügeln.
- Dann mit je 12,5 cm Abstand vom genähten Rand entfernt 3 dünne Linien aufzeichnen, sodass sich 4 Kammern ergeben.
- Dinkelkörner einfüllen, die offene Seite ca. 1 cm einschlagen, mit Nadeln eng zustecken und mit der Maschine zunähen.
- Das Inlett flach hinlegen und die Körner von außen mit den Händen gleichmäßig über das ganze Kissen verteilen. Die drei markierten Streifen nun auf der Linie mit vielen Stecknadeln abstecken, die Linien nähen, verriegeln oben und unten nicht vergessen. Das Inlett hat nun 4 Kammern, die alle ungefähr die gleiche Menge Dinkel enthalten sollten.

- Den **Bezug** mit französischen Nähten arbeiten, siehe Seite 18.
- Die Öffnung zweimal 5 cm einschlagen, bügeln und einmal rundherum an der Kante absteppen.
- Das Kissen kann im Backofen (ca. 20 Min. bei rund 80 Grad) oder auf der Heizung erwärmt werden, dabei vorsichtig die für Sie passende Temperatur herausfinden!

»Nähkränzchen« – ganz modern

Wie wäre es mit einem gemeinsamen Ausflug ins nächste Stoffgeschäft?

MIT ANDEREN ZU NÄHEN KANN WUNDERBAR SEIN! Man sitzt schweigend und konzentriert zusammen oder lacht und erzählt und hilft sich gegenseitig. Laden Sie doch einmal eine Freundin oder, wenn es genügend Tische gibt, auch mehrere Nähbegeisterte ein. Probieren Sie aus, wie es ist, gemeinsam in den Flow zu kommen. Vielleicht kennt eine von ihnen ja den Kniff, der Ihrem neuen Werk den letzten Schliff verpasst? Bestimmt können Sie sich gegenseitig manches zeigen und dazu inspirieren, sich auch einmal an ein komplizierteres Projekt zu wagen.

Wenn ein neues Teil aus eigener Hand entsteht, freuen Sie sich miteinander noch viel mehr. Zwischendurch können Sie sich immer wieder beraten, und ganz sicher sprudeln die Ideen wie von selbst. Wie schön ist es, das Rad nicht allein neu erfinden zu müssen, wenn es andere gibt, die vielleicht mehr Erfahrung haben! Während die Maschinen surren und Säume gehext oder Nähte gebügelt werden, stellen Sie garantiert fest, dass das Nähen gemeinsam doppelt so viel Spaß macht.

Vielleicht wird aus so einem Nähnachmittag mit Gleichgesinnten sogar ab und zu ein ganzes Nähwochenende? Oder Sie einigen sich auf einen festen Tag in der Woche bzw. im Monat und treffen sich ab jetzt regelmäßig zum gemeinsamen Kreativsein?!

Was du mit guter Laune tust,
fällt dir nicht schwer.

Ungarische Weisheit

Tischsets

(Maße fertiggestellt: 45 cm B x 35 cm L)

MATERIAL

Oberstoff aus Leinen (47 cm B x 40 cm L), Rückseitenstoff aus Baumwolle (47 cm B x 37 cm L), 3–5 Streifen aus Baumwollstoffen (mind. 38 cm L, in verschiedenen Breiten).

- Das Oberstoff-Rechteck an einer Seite etwa 4 cm vom Rand entfernt vertikal durchschneiden.
- Entlang der Teilungslinie einen Streifen einfügen (Nahtzugabe je 1 cm). Die NZG auseinanderbügeln. Diesen Vorgang mit 3–5 Streifen wiederholen.
- Zum Schluss das Rechteck auf das Maß 47 x 37 cm zurechtschneiden.
- Oberstoff und Rückseitenstoff rechts auf rechts legen und mit 1 cm NZG rundum abnähen, dabei eine Öffnung zum Wenden lassen (siehe Seite 18).
- Die vier Ecken knapp neben der Naht abschneiden (siehe Seite 18), Tischset wenden und bügeln.
- Einmal knappkantig um das Set herumnähen (dabei wird die Wendeöffnung geschlossen), Stichlänge 3,5 mm.

Kissenhülle mit Hotelverschluss

(Maße fertiggestellt: 50 cm x 50 cm)

MATERIAL

Baumwollstoff (52 cm B x 125 cm L), Baumwollstoffreste, Vliesofix, Kissen-Inlett (50 cm x 50 cm)

- Stoff mit der Vorderseite nach unten längs hinlegen. Beide kurzen Seiten je zweimal 1 cm nach innen umschlagen, bügeln und abnähen (obere und untere Kante). Aus diesen Kanten entsteht die Rückseite des Kissens.
- Die untere Kante 40 cm rechts auf rechts umlegen (siehe Seite 19). Dann die obere Kante 30 cm rechts auf rechts umlegen (siehe Seite 19). Dies ergibt den Hotelverschluss.
- So zusammengelegt bügeln, dann hat man mit den Bügelfalten gleich die Vorderseite des Kissens markiert, auf dem die Applikationen angebracht werden können.
- Für die Fische einfach selbst eine Vorlage auf Papier zeichnen und ausschneiden. Auf mit Vliesofix nach Anleitung des Herstellers vorbereiteten Stoffen aufmalen, ausschneiden und die Motive auf der rechten Vorderseite des Kissens aufbügeln.
- Stoff wieder wie oben beschrieben an den Bügelkanten zusammenlegen, die beiden Kissenseiten zustecken und mit 1 cm Nahtzugabe abnähen. Schnittkanten mit Zickzackstich versäubern.
- Das Kissen wenden und bügeln.

Quilt

(Maße fertiggestellt: ca. 130 B x 170 cm L)

MATERIAL

63 Baumwollstoff-Quadrate (je 20 cm x 20 cm), Baumwollstoff für das Binding (110 cm B x 45 cm L), Baumwollvlies H277 (150 cm B x 180 cm L), Rückseitenstoff aus Baumwolle (140 cm B x 180 cm L), Quilt-Sicherheitsnadeln oder Textilsprühkleber

Quilttop

- Die Quadrate in 9 Reihen zu je 7 Quadraten pro Reihe auslegen.
- Alle Quadrate pro Reihe mit 0,5 cm NZG zusammennähen und die Nahtzugaben auseinanderbügeln.
- Mit Stecknadeln die Reihen nacheinander fixieren, zusammennähen und die Nahtzugaben auseinanderbügeln.

Quilt-Sandwich

- Rückseitenstoff mit der rechten Seite nach unten auslegen, Vlies darüber ausbreiten, dann das Quilttop mit der rechten Seite nach oben auflegen.
- Mit Quilt-Sicherheitsnadeln oder Textilsprühkleber alle drei Lagen faltenfrei miteinander fixieren.

Quilten

- Horizontal und vertikal mit der Maschine durch den Quilt steppen. Dabei können Sie sich am besten an den Nähten orientieren, Stichlänge ca. 4,5 mm. Achtung, die Sicherheitsnadeln nach und nach entfernen und nicht darübernähen! Den Quilt an den Seiten begradigend zurechtschneiden, auf 130 x 170 cm.

Binding

- 6 Streifen à 7 cm B x 110 cm L zuschneiden, die Streifen zu einem langen Band zusammennähen: 2 Streifenenden mit einem 90-Grad-Winkel rechts auf rechts legen, diagonal zusammennähen. NZG auf 1 cm zurückschneiden. Wie auf Seite 16 beschrieben an den Quilt annähen.

Ideen sammeln lohnt sich

Die richtig tollen Werke entstehen aus uns selbst heraus.

IN MANCHEN MOMENTEN fließt die Kreativität besonders frei. Vielleicht passiert es Ihnen auch gelegentlich, dass Sie morgens mit einer tollen Idee aufwachen, z.B. für ein Nähprojekt. Sie sehen es genau vor sich. Sie sind begeistert. Doch dann spüren Sie auch schon den Sog des Tages. In Windeseile ist der Vormittag verflogen und mit ihm die Vision. Schade, nicht?

Zwei Möglichkeiten gibt es, sie zu retten. Die erste verlangt, die Pflichten in den Wind zu schreiben und spontan ans Werk zu gehen. Die Werke, die im Zuge dieser Begeisterung entstehen, sind die besten. Für den Fall, dass das utopisch ist, legen Sie sich ein »Ideenbuch« und einen Stift bereit. Skizzieren Sie darin das Bild, das Sie vor Augen haben – eine kleine Zeichnung, ein paar Worte als Erinnerungsstütze, es muss kein Meisterwerk entstehen. Und geben Sie dem »Baby« einen Namen: »Minirock in Neongrün«, »fürs Kind ein Quilt aus Mamas geliebten Sweatshirts« ...

Bevor Sie das nächste Mal ans Nähen gehen, blättern Sie in Ihrem Buch und lassen sich inspirieren. Nicht alle Einfälle, die Ihnen auf diese Weise zugeflogen sind, haben bei Tageslicht Bestand. Der eine oder andere aber hat mit Sicherheit das Zeug zur Genialität.

Warte nie, bis du Zeit hast, denn dann könnte es zu spät sein.

Chinesische Weisheit

Kleines Körbchen

(Maße fertiggestellt: 10 cm B x 10 cm L x 5 cm H)

MATERIAL

2 verschiedene Baumwollstoffe (je 20 cm x 20 cm), Vlies Decovil Light (20 cm x 20 cm), 1 Baumwollstoffstreifen (4 cm B x 21 cm L zum Kanteneinfassen)

- An allen vier Ecken aus dem Vlies Quadrate von 5 x 5 cm ausschneiden, sodass ein Kreuz entsteht.
- Bei beiden Oberstoffen an jeder Ecke Quadrate von je 4 x 4 cm ausschneiden.
- Auf den Stoff, der außen liegen soll, das Vlies-Kreuz mittig aufbügeln, sodass an den vorher ausgeschnittenen Ecken ein 1 cm freier Rand bleibt.
- Nun die Ecken der beiden Stoff-Kreuze nach und nach zusammennehmen, rechts auf rechts, mit Stecknadeln fixieren und mit 1 cm Nahtzugabe abnähen. Dabei am Anfang und Ende der Naht gut verriegeln.
- Die Nahtzugaben auseinanderbügeln.
- Beide so entstandenen Körbchen nun mit den linken Seiten nach innen ineinanderlegen, Nahtkanten liegen aufeinander. Feststecken.

Einfassband herstellen:

- Den langen Stoffstreifen mit 0,5 cm NZG an den kurzen Enden zusammennähen, sodass ein Ring entsteht. Die Nahtzugaben auseinanderbügeln.
- Beide Längsseiten mit je 1 cm zur Mitte umbügeln (siehe Seite 21), dann Kante auf Kante umklappen und noch einmal bügeln. Die Kante des Körbchens mit dem Streifen umfassen, feststecken und knappkantig absteppen.

Schlüsselband

(Maße fertiggestellt: 3 cm B x 21 cm L)

MATERIAL

Baumwollstoff (6,5 cm B x 40 cm L), Vlies H630 (3 cm B x 40 cm L), Webband (2 cm B x 48 cm L), Stylefix Klebeband (40 cm und 3 cm), Schlüsselring (3 cm Durchmesser)

- Bügelvlies mittig auf den Stoff aufbügeln.
- Beide langen Stoffkanten (das Vlies einschließend) zur Mitte bügeln.
- 8 cm vom Webband abschneiden und beiseitelegen, das restliche 40-cm-Stück mittig mit Stylefix auf die Seite mit den offenen Stoffkanten kleben. Links und rechts knapp entlang der Webbandkanten aufsteppen. Schlüsselring einfädeln.
- Schlüsselband zu einem Kreis schließen, dazu die Enden 0,5 cm links auf rechts legen und mit Zickzackstich verbinden.
- Auf diese Naht das kleine Webband mit dem kurzen Stück Stylefix kleben. Die Enden des Webbandes auf die linke Seite des Schlüsselbandes umschlagen/ zwischen die beiden Lagen stecken.
- Diese Verbindungsnaht 2,5 cm vom unteren Ende des Schlüsselbandes platzieren, den Schlüsselring ganz zum unteren Ende schieben. Das Webband an beiden Kanten durch alle Lagen hindurch aufsteppen, sodass der Schlüsselring eingeschlossen wird.

Nadelkissen Katze

(Maße fertiggestellt: 12 cm B x 12 cm L)

MATERIAL

Vorlage Katzenkopf, Leinenstoff (2 x 14 cm x 14 cm), Stoffreste für Applikationen, Vliesofix, Stickgarn, 2 Knöpfe für die Augen, Füllwatte

- Papiervorlage im Internet unter trinity-kreativ.de kopieren oder hier von der Seite abpausen und ausschneiden. Stoffe rechts auf rechts legen, Papiervorlage feststecken und Kopf ausschneiden. Vorlage entfernen.
- Konturen der zu applizierenden Stoffstücke auf die Papierseite des Vliesofix übertragen, ausschneiden und auf die Stoffreste bügeln. Applikationen ausschneiden.
- Papier abziehen, dann die Applikationen auf die rechte Seite eines der Katzenkopf-Stoffe aufbügeln. Mit Stickgarn an den Schnittkanten der Applikationen entlangsticken, die Augen-Knöpfe annähen.
- Stoffe nun rechts auf rechts legen und bis auf eine ca. 3 cm große Öffnung mit 1 cm Nahtzugabe zunähen.
- Wenden, dann den Kopf prall mit Füllwatte füllen. Die Öffnung mit kleinen Stichen per Hand schließen.

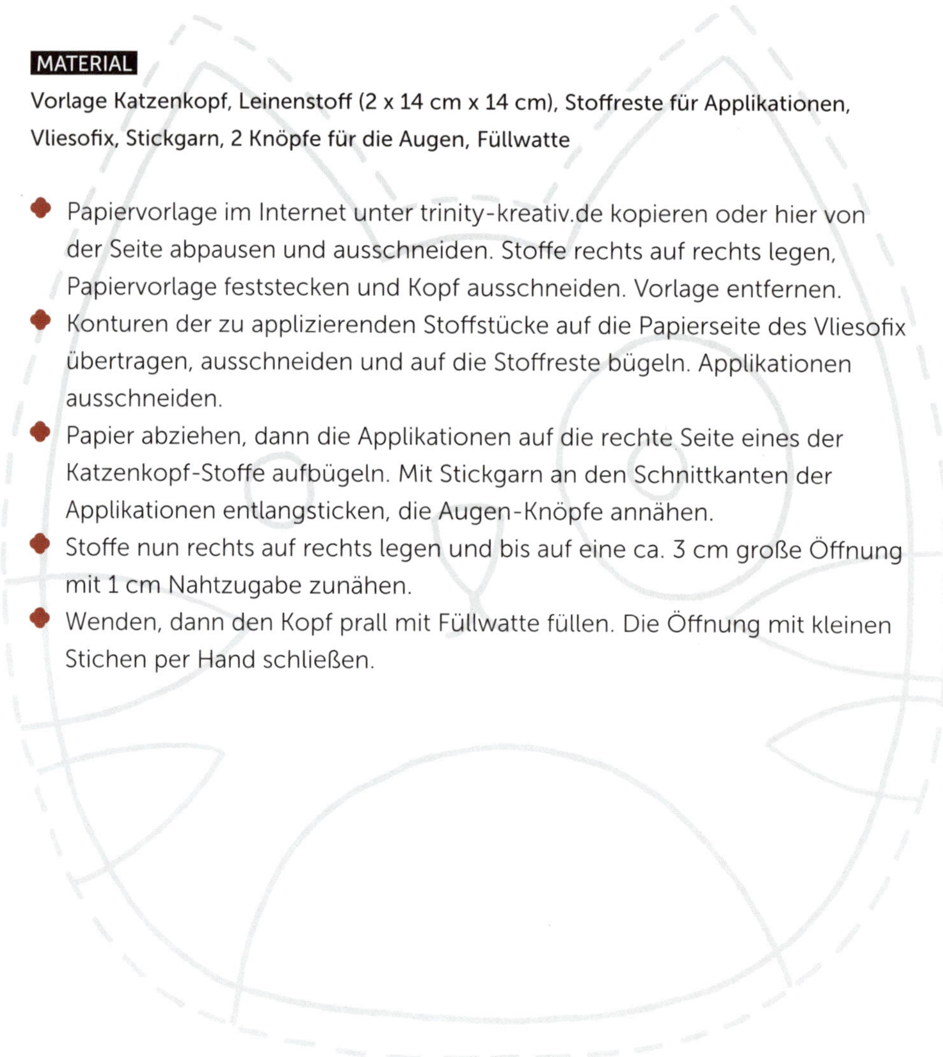

Auf viele weitere Werke!

Nähen für die Seele ist Yoga mit Nadel und Faden.

BEIM UMSETZEN der Projekte im Buch konnten Sie sicher spüren, was es heißt, im Flow zu sein, weil Sie sich konzentriert und achtsam nur dieser einen Beschäftigung gewidmet haben. Vielleicht haben Sie einen neuen Blick auf Ihr »schnelles Hobby« mit der Nähmaschine gewonnen und die Gemächlichkeit des stillen Tuns für sich entdeckt. Haben Sie sich, inspiriert durch dieses Buch, eventuell auch einmal an einen bisher noch nie ausprobierten Stoff herangetraut? Es wäre wunderbar, wenn Sie eine tiefe Freude am Nähen entdeckt und womöglich noch andere damit angesteckt hätten, sodass Sie sich nun regelmäßig mit Freundinnen zum Schnitte- und Erfahrungaustauschen, Äbnäher- und Säumestecken und gemeinsamen Nähen für die Seele treffen.

Wir würden uns freuen, wenn Sie mit diesem Buch zur Ideensammlerin geworden sind und Ihre Kreativität (neu) entdecken konnten.

Zeit, Ruhe und Gelassenheit waren hoffentlich Ihre Wegbegleiter bei der Lektüre dieses Buches, ebenso wie die Gewissheit, dass es glücklich macht, mit Achtsamkeit und Liebe zu nähen.

Auf dass noch viele weitere Projekte folgen, mit denen Sie sich und Ihrer Seele etwas Gutes tun!

Und plötzlich weißt du:
Es ist Zeit, etwas **Neues** zu
beginnen und dem Zauber des
Anfangs zu vertrauen.

Meister Eckhart

Serviceteil

Videos

Auf Youtube gibt es jede Menge kostenlose Nähvideos, allerdings in sehr unterschiedlicher Qualität. Also mehrere Filme zum Thema anschauen. Sehr gute Videokurse gibt es hier:
makerist.de
burdastyle.de
youtube.com/user/MissouriQuiltCo (englischsprachig)

Fotoanleitungen

Mithilfe von Tutorials kann man ebenfalls gut nähen lernen: Das sind meist reich bebilderte Schritt-für-Schritt-Anleitungen auf Blogs zu den verschiedenen Themen. Einfach das jeweilige Projekt (z.B. »Babylätzchen nähen«) plus »Tutorial« googeln.

Bücher

Mittlerweile gibt es jede Menge Nähbücher, und als Referenz zum Lernen und Nachschlagen offline sind sie unschlagbar. Um »Ihr« Grundlagenwerk zu finden, vergleichen Sie am besten eine bestimmte Technik in verschiedenen Büchern und sehen dann, welches Sie am besten verstehen.

Unsere Empfehlungen für absolute Anfängerinnen:

Tessa Evelegh: *Einfach selber nähen*
Dorling Kindersley, München 2012
Karin Roser: *Nähen lernen im Handumdrehen*
Frech, Stuttgart 2010

Foren

Hier finden Sie Gleichgesinnte und auf jede Frage eine Antwort. Tipp: Immer erst die Suchfunktion für Ihr Problem nutzen, meist gibt es bereits einen oder mehrere Threads als Hilfe.
Hobbyschneiderin.net
Hobbyschneiderin24.net
patchwork-quilt-forum.de

Blogs

Die deutschsprachige Nähcommunity tauscht sich über eine Vielzahl an Blogs zu den verschiedensten Näthemen aus, viel Spaß beim Entdecken ist garantiert. Als Ausgangspunkte für Sie:
das-mach-ich-nachts.com
hamburgerliebe.blogspot.de
crafteln.de
quiltmanufaktur.blogspot.de

Stoffe, Zubehör und Anleitungen

Diese Shops finden Sie im Internet, teilweise sogar auch als Ladengeschäft.

basteln-de.buttinette.com (Wertingen)
frautulpe.de (Berlin, Hamburg)
limetrees.de (Hannover)
quiltmanufaktur.de (Frankfurt)
stoffundstil.de (Köln, Berlin, Lübeck, Hamburg)
dawanda.de
farbenmix.de
neocreo.com
stoffe.de

Register

Glossar

Abnähen: Das Zusammennähen zweier oder mehrerer Stofflagen.

Absteppen: Eine sichtbare Naht entlang von Kanten oder Nähten, die diese besonders betont oder verfestigt.

Knappkantig: Knapp entlang einer Kante oder Naht absteppen.

NZG: Abkürzung für »Nahtzugabe«, der Abstand zwischen Schnittkante des Stoffes und der Naht.

Oberstoff: Bezeichnet die von außen sichtbare äußere Stoffschicht im Unterschied zu Futter- oder Rückseitenstoff.

Stecken: Mit Stecknadeln die verschiedenen Stofflagen fixieren.

Stichbild: Das Aussehen von Nähten, besonders wichtig beim Steppen: Gleichmäßig und gerade soll eine Naht sein.

Tunnel wenden: Tunnel näht man bspw. für Henkel: Lange, schmale Stoffstücke werden rechts auf rechts zusammengelegt, an der langen offenen Seite abgenäht und müssen dann auf die andere Seite gewendet werden. Das geht gut mit einer großen Sicherheitsnadel, die an einem kurzen Ende in eine Seite des Tunnels eingehakt wird. Dann geschlossene Nadel in den Tunnel stecken und bis zur anderen Seite führen. Nadel entfernen, Naht bügeln.

Versäubern: Nahtkanten gegen Ausfransen schützen. Entweder schneidet man die Kanten mit einer Zackenschere (siehe unten). Oder man näht mit einem Zickzackstich an den offenen Schnittkanten entlang.

Verriegeln: Zu Beginn und zum Ende einer Naht werden ein paar Stiche vor- und zurückgenäht, damit die sich die Naht später nicht öffnet.

Vlies: Ein Vlies wird zur Verstärkung von Ober- und / oder Unterstoff verwendet. Man unterscheidet zwischen Volumenvlies und Bügelvlieseinlagen. Es gibt sie aus Kunststoffen (meist Polyester) und diversen Naturfasern. Manche Vliese haben Eigennamen (z.B.»Vliesofix«), ansonsten sind sie mit Buchstaben-Zahlen-Kombinationen benannt. Wir haben in diesem Buch ausschließlich Vlieseline-Vliese der Firma Freudenberg verwendet. www.vlieseline.com
Decovil light: einseitig aufbügelbares elastisches, knickunempfindliches Vlies.
Gewebeeinlage G700: gibt leichten und mittelschweren Stoffen Festigkeit und Griff.
Vliesofix: auch »Bondaweb« genannt, beidseitig haftendes, sehr dünnes Bastelvlies.
Vlieseline H249: Volumenvlies aus Polyester, pflegeleicht.
Vlieseline H630: Vlies zum aufbügeln auf einer Seite, das weich ist und gleichzeitig Volumen und Halt gibt.
Vlieseline HH650: doppelseitig aufbügelbares Volumenvlies.

Wendeöffnung: Damit bezeichnet man eine nicht ganz durchgenähte Naht, durch die das Projekt später gewendet werden kann. Verschlossen wird die Öffnung nach dem Wenden entweder per Hand oder an unauffälligen Stellen auch mit der Maschine.

Zackenschere: hat gezackte Schnittflächen und schneidet daher ein Zickzack-Muster statt eines glatten Schnittes. Die Zacken im Stoff verhindern das Ausfransen, da sich die Stofffädchen nicht mehr entlang der Schnittkanten ablösen können.

Dank

Andrea Kollath
Ich bin meinen Eltern dankbar für die weise Einsicht, dass neben der schulischen Bildung die kreative und sportliche Förderung die wichtigste erzieherische Maßnahme darstellt, um einen kleinen Menschen zu prägen. Die erste eigene Nähmaschine hat dafür gesorgt, dass ich mich persönlich mehr entfaltet habe, als jede Mathestunde zum Thema »Kurven-Diskussion« dies vermocht hätte. Meinen wunderbaren Kindern Kim und Henry danke ich dafür, dass sie mich großmütig haben ziehen lassen, um das Abenteuer »Selbstständigkeit« zu wagen!

Ulla Rahn-Huber
Einen Dank an meine Mutter. Das Surren ihrer Nähmaschine war die Begleitmusik meiner Kindheit. Alle Kleidung, die wir trugen, war von ihr mit Liebe selbstgemacht. Es hat zwar lange gedauert, aber dass ich keine Levis 502 bekam, habe ich ihr mittlerweile doch noch verziehen. Danke auch an Gerhard, der mit Ölkännchen, Staubpinsel und feinen Schraubenziehern dafür sorgt, dass die Maschine läuft und läuft.

Impressum

Umschlaggestaltung: Sabine Fuchs, FUCHS DESIGN, München
Umschlagabbildung: Susanne Krauss, Grafing bei München
Bildnachweis: Alle Bilder in diesem Buch stammen von Susanne Krauss, Grafing bei München, mit Ausnahme von: S. 6 Fadenschere: shutterstock/Michaela Stejskalova, S. 7 Nahttrenner: shutterstock/Orapin Thepsuttinun, Stoffschere: shutterstock/Sarah2, S. 9 Rollschneider: shutterstock/MaxCab, Stecknadeln: shutterstock/fototip
Illustrationen: Carsten Bachmann, Nürnberg
Projektleitung: Claudia Toelle
Layoutkonzept: Sabine Fuchs, FUCHS DESIGN, München
Satz: Claudia Castiglione, Guter Punkt, München, www.guter-punkt.de
Druck und Bindung: Print Consult GmbH, München

MIX
Papier aus verantwortungsvollen Quellen
FSC www.fsc.org FSC® C084279

ISBN 978-3-95550-169-3
www.trinity-kreativ.de